Einsterns Schwester 1/2

Schreiblehrgang

Vereinfachte Ausgangsschrift

von

Jutta Wild-Penseler

illustriert von

Hendrik Kranenberg

Yo Rühmer

Cornelsen

Inhalt

Ergänzende Hinweise

Das Nachspuren und Schreiben der Buchstaben und Wörter sollte mit einem Bleistift erfolgen. Das Schreiben mit dem Füller wird erst nach sicherer Beherrschung der Schreibschrift empfohlen.

Die Buchstaben a, c, d, g, o, qu beginnen im Wortinnern nicht am Ende des vorherigen Buchstabens. Der Stift setzt ab und macht einen sogenannten „Luftsprung" nach rechts, um unnötige Drehrichtungswechsel zu vermeiden. Entsprechende Stellen werden mit einem Pfeil gekennzeichnet.

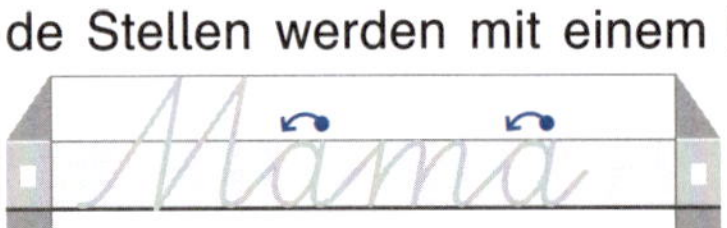

Auf der Seite 63 finden sich Varianten zu einigen Buchstaben, die als Alternativen angeboten werden können: e, t, s, z, ß.

Auf den Seiten zum Wiederholen und Üben präsentiert die Begleitfigur Lola „wichtige Wörter", die dem Grundwortschatz entnommen sind. Das zugehörige Symbol am Seitenrand weist darauf hin, diese Wörter ins Heft zu schreiben. Gleiches gilt für die Abschreibtexte auf Seite 62.

In diesem Inhaltsverzeichnis können die Kinder ankreuzen oder markieren, welche Seiten sie bereits bearbeitet haben. ☒

von oben nach unten

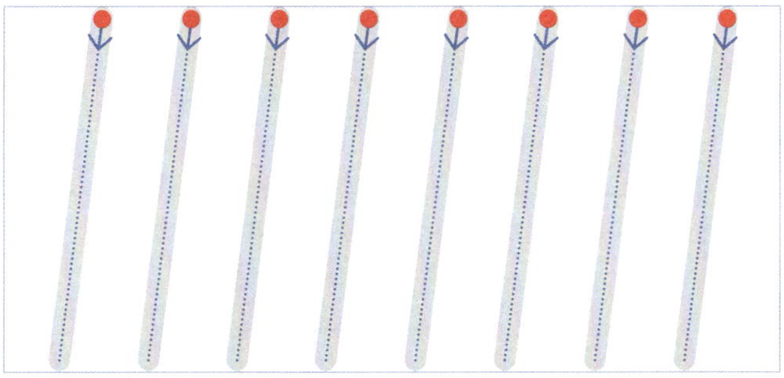

auf und ab

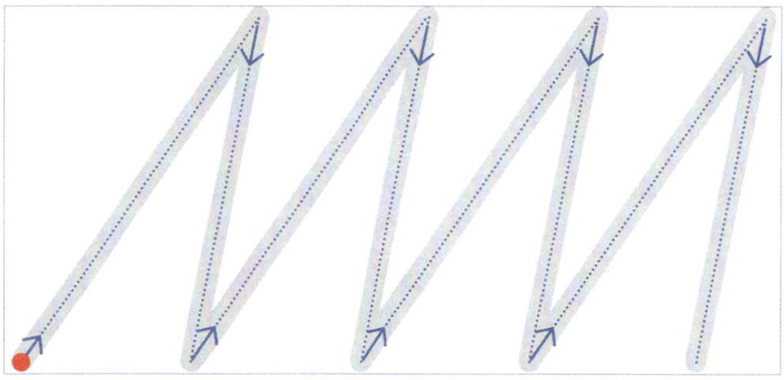

Bögen unten

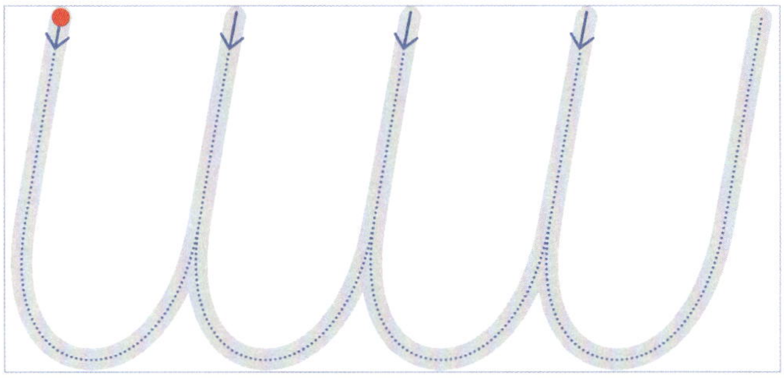

Bögen oben

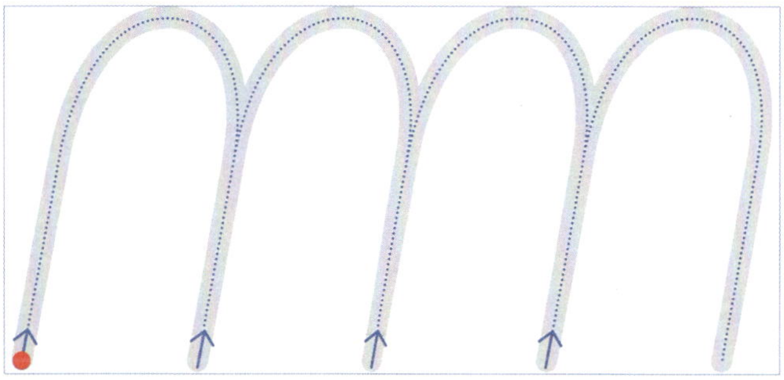

Ovale

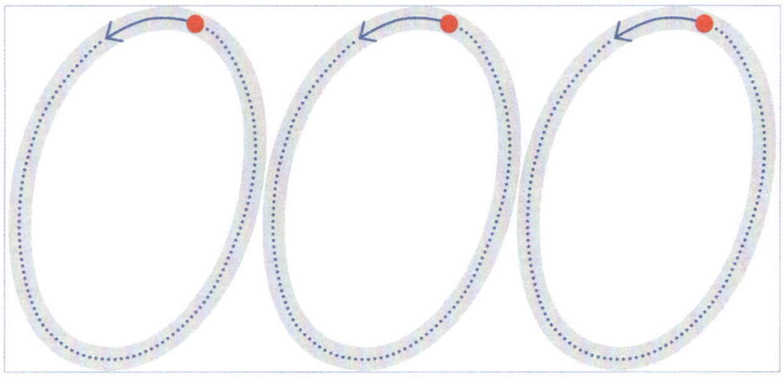

Wellen

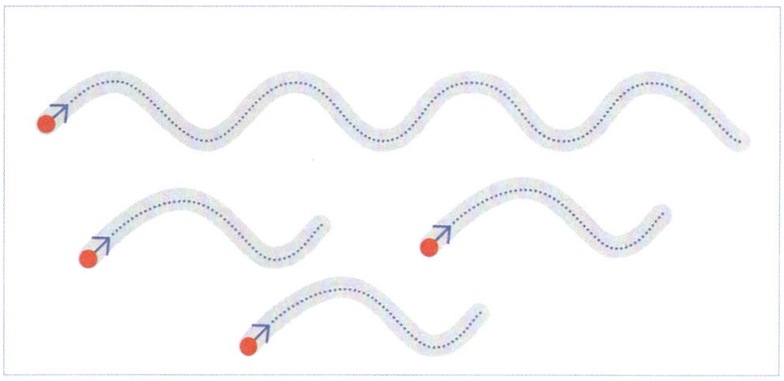

Schleifen oben

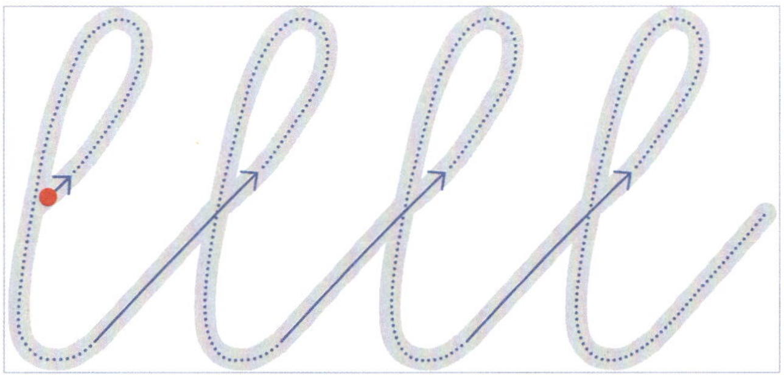

Schleifen unten

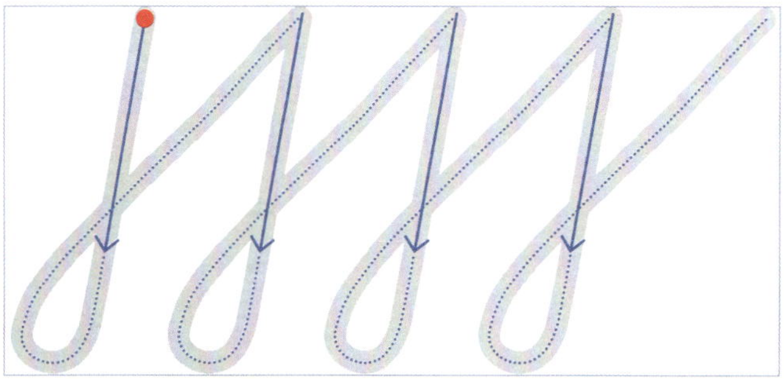

Male diese Linien auch auf großes Papier, an die Tafel, in den Sand, in die Luft …

Spure die Muster nach.
Male den Turm an.

i

u

Im u steckt i.

n

m

n n n

m m m

Verbinde immer an der Mittellinie.

n n n

m m m

i n in in

i m im im

u m um um

n n nn nn

m m mm mm

nun nun

a d

a a a

d d d

Beim Pfeil macht der Stift einen Sprung.

dä

a a a

d d d

a u au au

a n an an

a m am am

d u du du

d a dä dä

dann dann

c

o

Verbinde o am Häkchen.

om → om

c

o

o n on on

o m om om

n o nö nö

c o cö cö

c m cm cm

a d c o a d c o

i u n m a d c o

in um am

nun dann

e

e

e e e e e e

Das Köpfchen-e:
rund und raus.

e e

e e

e i ei

e u eu

i e ie

eine

neue

die

Variante S. 63

l

Das l ist eine große Schleife.

l

le

li

la

alle

malen

lila

b

b b b b b b b

Verbinde b
am Häkchen.
be → be

b b b

b b

o b ob ob

b ei bei bei

b l bl bl

oben oben

beide beide

blau blau

f

Das f geht in den Keller.

f a fa

f ei fei

f f ff

faul

fein

offen

h

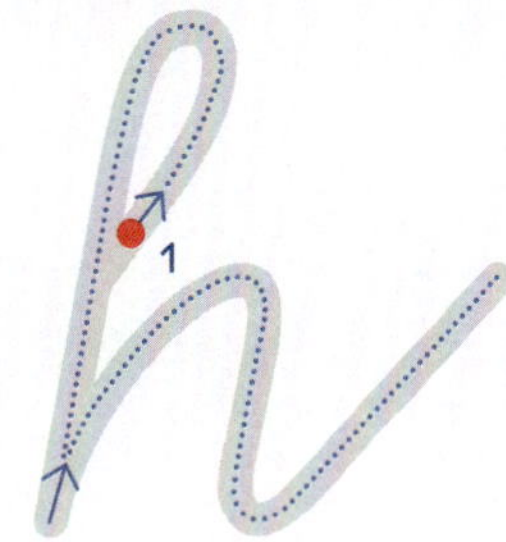

h h h h h h

h h

h h

c h ch ch

o h oh oh

h a ha ha

ich ich

ohne ohne

haben haben

k

k k k k k k k

Lauter Schleifen:

l, b, f, h, k.

k k k

k a kä kä

k l kl kl

c k ck ck

känn känn

klein klein

dick dick

Wiederholen und üben

e l b f h k

baden bellen kochen

Wichtige Wörter!

dich, doch, nach, hoch,

laufen – ich laufe, lieben – ich liebe,

machen – ich mache, malen – ich male,

fein, klein, nein

bauen malen ~~helfen~~

finden lachen kleben

helfen

hell

elf

fallen

hell

blau

lila

blinken

T

T wird nicht verbunden.
Die Lücke darf nicht
zu groß werden.

Ta → Ta

T e Te

T a Ta

T o To

T u Tu

Tee

Tafel

Tonne

Tube

F

H

Verbinde am Bogen.

Fu → Fu

He → He

F

H

F e Fe

F l Fl

H e He

H u Hu

Fee

Fleck

Helm

Hund

A

Verbinde *A* am Bogen.

Am → *Am*

Am

Af

Al

Ab

Affe

Album

Abend

Aal

N

M

N N N

M M M

M kannst du verbinden.

Ma, Mo

N N N

M M M

N a Na Na

N e Ne Ne

M a Ma Ma

M o Mo Mo

Name Name

Nebel Nebel

Mama Mama

Mond Mond

T F H A N M

Tafel Hund Fleck

Tanne Nelke Mond

Wichtige Wörter!

Nadel, Nebel, Himmel, Tafel,

Mund, Hund, Abend,

Telefon, Milch, Name

Taube · Affe · ~~Tube~~

Melone · Hof · Flamme

Tube

Nudel · Heu · Album

Nudel

Nadel · Hand 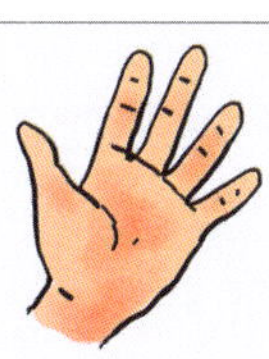 · Fleck

Mehl · Tunnel · Fahne 

r

r r r r r r r

Verbinde r am Häkchen.

re → re

r r r

e r er er

r e re re

r n rn rn

r m rm rm

immer immer

reden reden

lernen lernen

Alarm Alarm

p

p p p p p p p

p p

p p

p f pf pf

p p pp pp

p r pr pr

p l pl pl

Apfel Apfel

Mappe Mappe

prima prima

planen planen

P

B

P B

Die Lücke darf nicht zu groß werden.

Pa → Pa
Be → Be

P P P

B B B

P a Pa Pa

P f Pf Pf

B u Bu Bu

B r Br Br

Papa Papa

Pferd Pferd

Buch Buch

Brief Brief

D

R

Vergleiche.

Da → Ra

De → Re

D R

D e De

D r Dr

R a Ra

R o Ro

Deckel

Dreck

Rad

Rock

Wiederholen und üben

r p P B D R

Raupe Puppe Dieb

reden rufen planen

Wichtige Wörter!

er, der, aber, immer, Bruder,

Birne, Pferd, lernen, merken,

mir, dir, ihr, nur

ein Rabe auf dem Dach

ein Bild im Buch

eine Paprika im Topf

ein Brief in der Mappe

Brief

Mappe

Delfin

Pfeil

Ampel

Turm

Rock

Pfeife

Drachen

Abschreibtext S. 62

t

t r tr

t t tt

t ei tei

t a ta

trinken

Mutter

teilen

tanken

Variante S. 63

C

O

Vergleiche die Verbindungen.

Ch → Oh

C

O

C o Co

C h Ch

O m Om

O r Or

Comic

Chör

Omä

Ort

E

E 1

E E E E E E

E E E

E i Ei Ei

E u Eu Eu

E n En En

E l El El

Eimer Eimer

Euro Euro

Ente Ente

Eltern Eltern

G g

Beim Pfeil macht der Stift einen Sprung.

ng

G g

g g

G a Gä

G r Gr

g e ge

n g ng

Gabel

Gruppe

gegen

Angel

t C O E G g

trinken Oma Comic

Eule Gurke gegen

liegen – er liegt, bringen – er bringt,

fragen – er fragt, gehen – er geht, geben – er gibt,

die Eltern, der Computer, der Berg

Oma findet Geld. *Die Eltern fahren Rad.*

Opa liebt Computer. *Mama trinkt Tee.*

Die

Ente Ofen Elefant

Ente

Oktober Regen Finger

Gabel Angel Euro

fegen teilen trinken

Abschreibtext S. 62

S

Die Lücke darf nicht zu groß sein.

Sa → Sa

S

S S S S S S

S a Sa

S ei Sei

S o So

S e Se

Salat

Seife

Sofa

Sekunde

s

Schreibe am Ende eines Wortes s.

so

se

ss

aus

sollen

Dose

nass

Maus

Variante S. 63

Sch **sch**

Sch Sch Sch

sch sch sch

Sch Sch Sch

sch sch sch

Sch u Schu Schu

Sch e Sche Sche

sch n schn schn

sch l schl schl

Schule Schule

Schere Schere

schnell schnell

schlau schlau

K

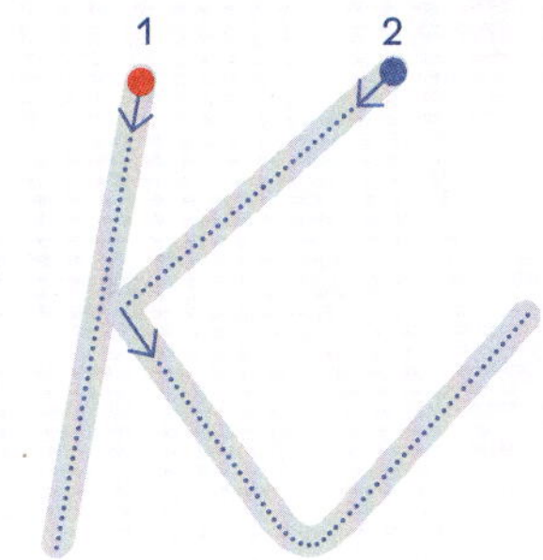

K K K K K K

K K K

K

K a Ka Ka

K o Ko Ko

K r Kr Kr

K l Kl Kl

Kater Kater

Kopf Kopf

Kreide Kreide

Kleber Kleber

S s Sch sch K

Sessel Maus Schere

Krone nass schlau

Wichtige Wörter!

alles, als, also, schon, bis,

ich bin, du bist, er ist, sie sind,

das Kind, die Klasse, die Schule

Die Schule ist aus.

Die Sonne scheint.

Die Schaukel ist frei.

Alle Kinder essen Eis.

Alle

Nuss

Kreis

Sieb

Nuss

Die Bienen summen.

Die

Eine Amsel singt.

Das Schaf frisst Gras.

Abschreibtext S. 62

L

Z

Vergleiche.

L → Z

L L L

Z Z Z

L a Lä Lä

L ei Lei Lei

Z e Ze Ze

Z i Zi Zi

Läden Läden

Leiter Leiter

Zehe Zehe

Zitrone Zitrone

z

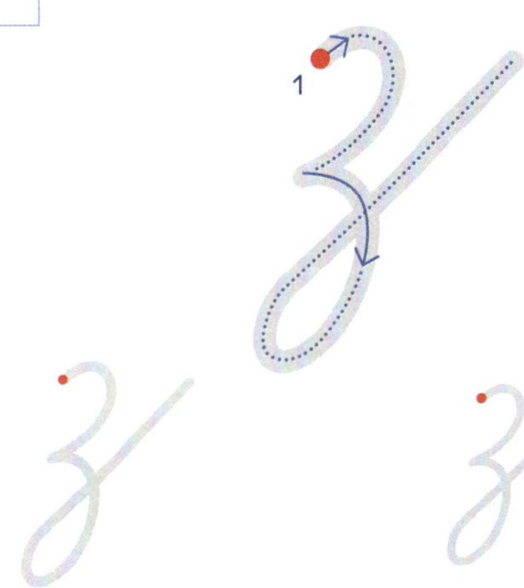

tz

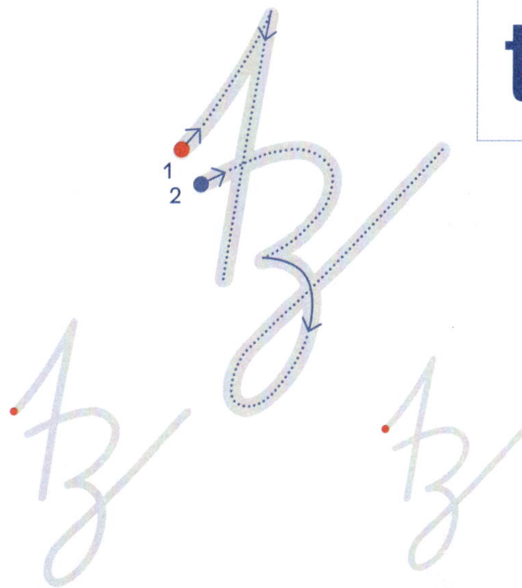

z z

tz tz

z e ze ze

r z rz rz

n z nz nz

zehn zehn

kurz kurz

ganz ganz

Platz Platz

Katze Katze

Variante S. 63

I

J

Jn

Jg

Ju

Jä

Insel

Igel

Juli

Januar

j

j

ju

je

ja

jo

jubeln

jeder

jagen

jodeln

L Z z l J j

L

Igel Leine Zebra

Judo Salz zuerst

Wichtige Wörter!

das Jahr, der Junge, die Katze,

die Pflanze, der Zahn, der Arzt,

sitzen – sie sitzt, ziehen – sie zieht

Der Hund jagt die Katze.

Der Igel rollt sich ein.

Die Katze rennt zum Zaun.

Iglu 

Jacke

Leiter 

Lutz geht zum Judo.

Ines geht zum Tanzen.

Zuri klettert jeden Freitag.

Jana reitet seit dem Juli.

Abschreibtext S. 62

W

w

Verbinde w am Häkchen.

wa → wa

Wa

We

wo

we

Wagen

Wecker

wohin

wegen

U

U

U U U u u u

U U U

U U

U h Uh Uh

U r Ur Ur

U n Un Un

U m Um Um

Uhr Uhr

Urlaub Urlaub

Unfall Unfall

Umwelt Umwelt

V v

Verbinde v am Häkchen.

vi → vi

V

v

V a Va

V er Ver

v ie vie

v er ver

Vater

Verband

viel

verliebt

ÄÖÜ

äöü

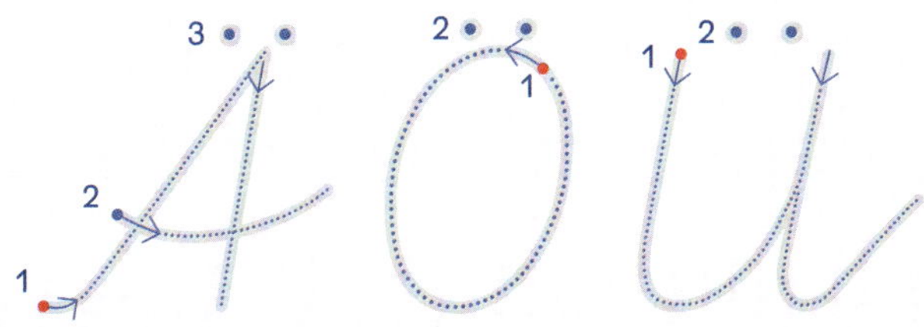

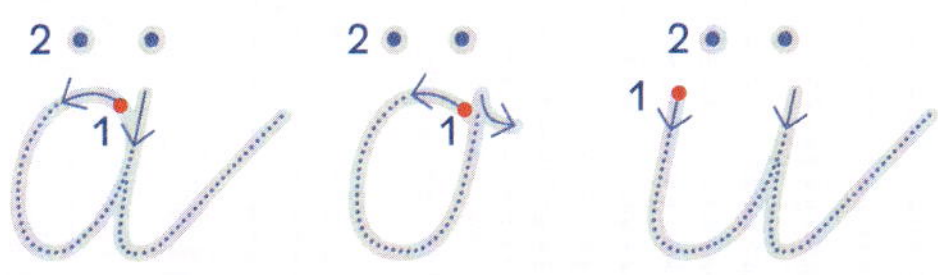

Ä ä Ä ä Ä ä

Ö ö Ö ö Ö ö

Ü ü Ü ü Ü ü

Ärger Ärger

ärgern ärgern

Öl Öl

ölen ölen

Übung Übung

üben üben

Wiederholen und üben

W w V v U

W

Vase Ufo Öffner

Oliven Würfel Mädchen

Wichtige Wörter!

der Vater – die Väter, der Wald – die Wälder,

können, müssen, dürfen,

viel, vor, was, wer, wo

Im Herbst wird es kälter. *Im Winter fällt Schnee.*

Im Frühling blüht viel. *Im Sommer ist es warm.*

Im

Wir müssen viel trinken.

Wir

Wir müssen die Umwelt schützen.

Jeder soll täglich Zähne putzen.

Bei Grün dürfen alle gehen.

Abschreibtext S. 62

St

st

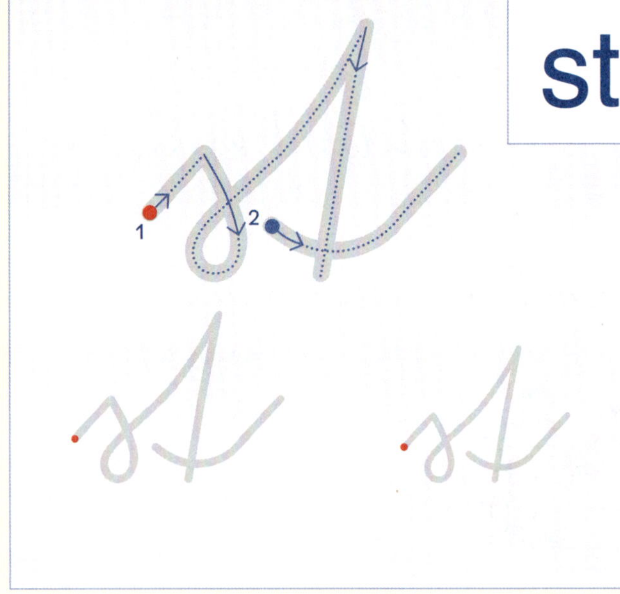

St St St

st st st

St i Sti Sti

St r Str Str

st e ste ste

st a sta sta

Stift Stift

Strand Strand

stehen stehen

stark stark

Sp

sp

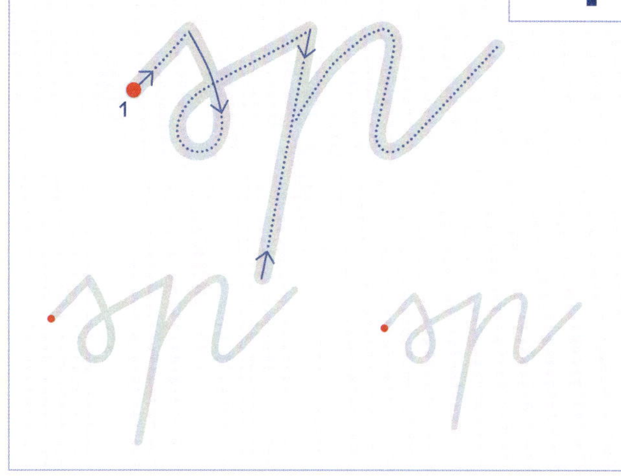

Sp Sp Sp

sp sp sp

Sp o Spo Spo

Sp ie Spie Spie

sp a spa spa

sp r spr spr

Sport Sport

Spiel Spiel

sparen sparen

sprechen sprechen

Qu

qu

Qu Qu Qu

qu qu qu

Qu a Quä Quä

Qu e Que Que

qu a quä quä

qu e que que

Quärk Quärk

Quelle Quelle

quäken quäken

quellen quellen

ß

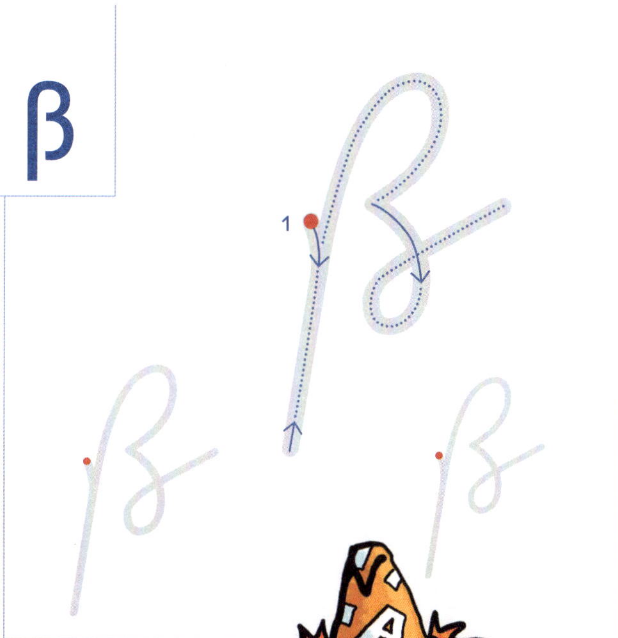

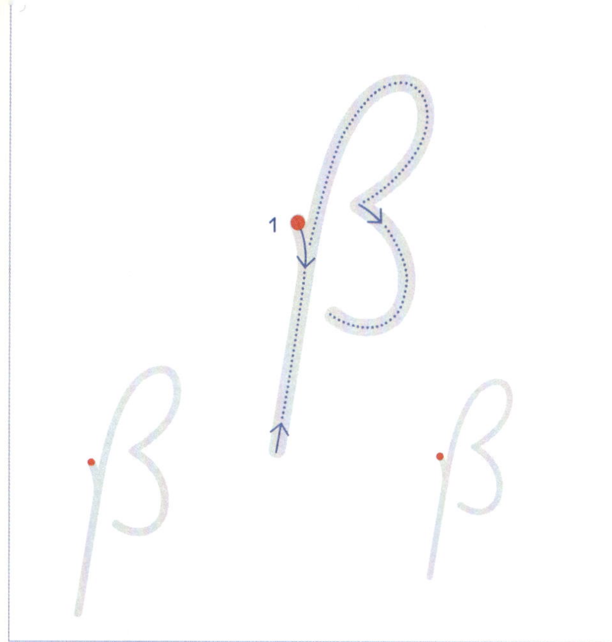

Schreibe
am Ende
eines Wortes ß.

ß ß ß

ß ß ß

ß e ße ße

ß ig ßig ßig

a ß aß aß

ü ß üß üß

Soße Soße

fleißig fleißig

Spaß Spaß

süß süß

Variante S. 63

X

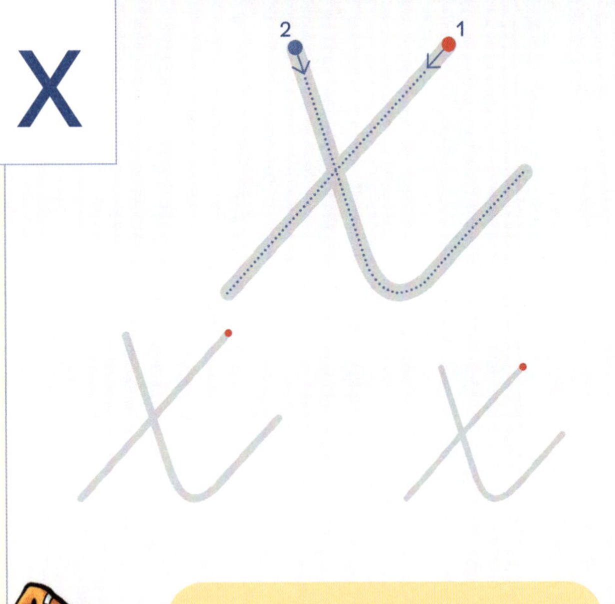

x

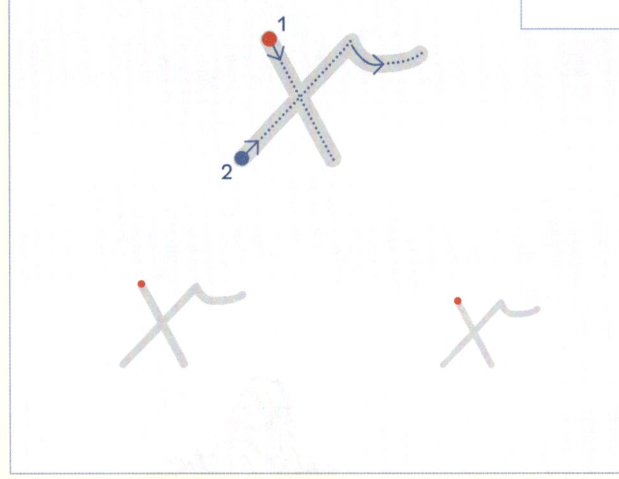

Verbinde x am Häkchen.

xi → xi

X

x

x e xe

x i xi

e x ex

i x ix

Mixer

Taxi

Hexe

fix

Y

y

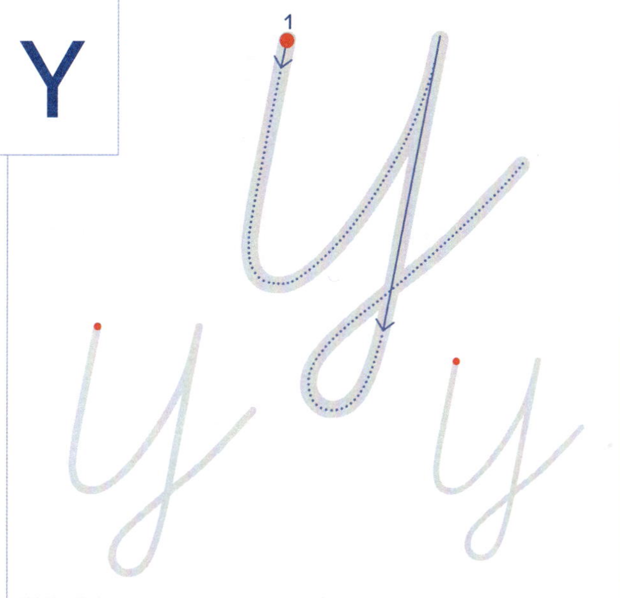

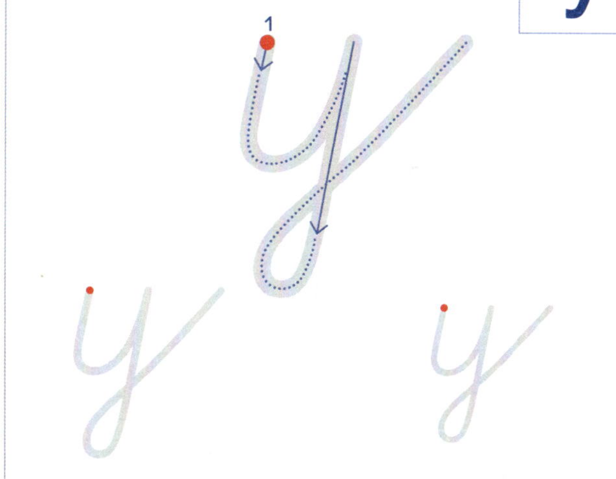

Y

y

Y o Yo Yo

Y a Ya Ya

b y by by

n y ny ny

Yoga Yoga

Yak Yak

Baby Baby

Pony Pony

Sp sp St st Qu qu

Sp

ß X x Y y

Straße Qualle Axt

Wichtige Wörter!

wir vergessen – wir vergaßen, ich esse – ich aß,

sie sitzen – sie saßen, wir lassen – wir ließen,

sie heißen – sie hießen,

die Hexe, der Stern, die Stunde, groß

Sport macht großen Spaß. Ein Baby quengelt oft.

Maxi macht Quatsch. Die Straße ist kurz.

Die

Das Tor quietscht.

Das

Ein Taxi steht auf der Straße.

Yasmin stolpert über Steine.

Im Meer schwimmen Quallen.

Abschreibtext S. 62

nach D R (Seite 29)

Alle malen

Ramon und Diana
holen die Farben.
Theo und Bella
holen Papier.
Nun malen alle Tiere.
☆ Hilka kann Delfine
und Drachen malen. Prima!

nach G g (Seite 35)

Rate mal!

Alle kennen mich
und haben mich gerne.
Mit mir kann man
Dinge kaufen.
Man nennt mich ...
☆ Alle kennen den Euro
und den Cent.

nach K (Seite 41)

Schnell und langsam

Kein Tier auf der Erde
ist schneller als ein Gepard.
Er lebt in Afrika.
Das langsamste Tier ist
das Faultier.
Es lebt in Amerika.
☆ Ein sehr schnelles Tier
bei uns ist der Feldhase.

nach j (Seite 47)

Im Januar

Im Januar ist das Jahr noch
jung. Die Tage sind kurz.
Man muss schon am
Nachmittag das Licht
anmachen. Manchmal tanzen
Schneeflocken in der Luft.
☆ Bei genug Schnee kann
man Schlitten fahren.

nach Ä Ö Ü ä ö ü (Seite 53)

Scherzfragen

Welche Blätter fallen nie von
Bäumen? die Kalenderblätter
Was hat viele kleine Zähne,
aber keinen Mund? die Säge
☆ Warum fliegen die Vögel
im Winter in den Süden?
Weil es zu weit zum Laufen
ist.

nach Y y (Seite 61)

Zungenbrecher

Der Spitzer spitzt den Bleistift
spitzer und spitzer.
Stundenlang stapft der sture
Stier über spitze Steine.
☆ Zungenbrecher soll man
ganz schnell sprechen. Fange
aber zunächst langsam an.

e

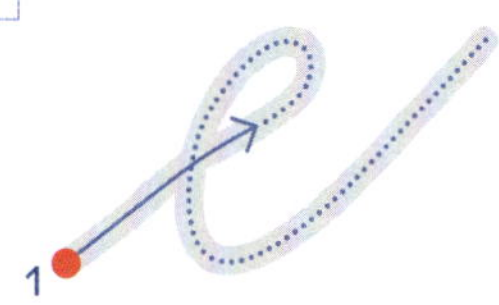

e e e

ein ein

neu neu

t

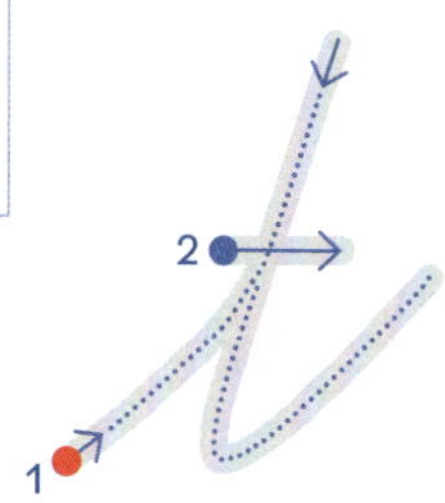

t t t

töt töt

teilen teilen

s

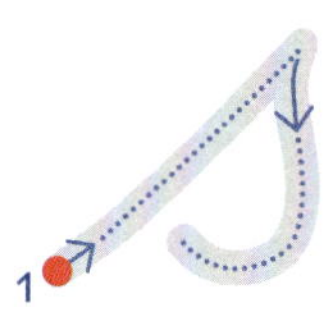

s s s

sö sö

sie sie

z

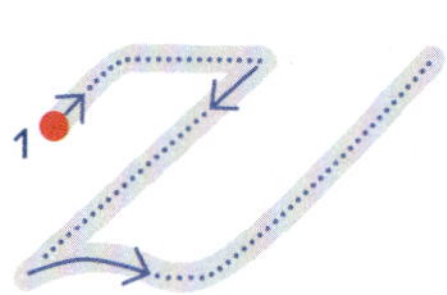

z z z

tz tz

gänz gänz

ß

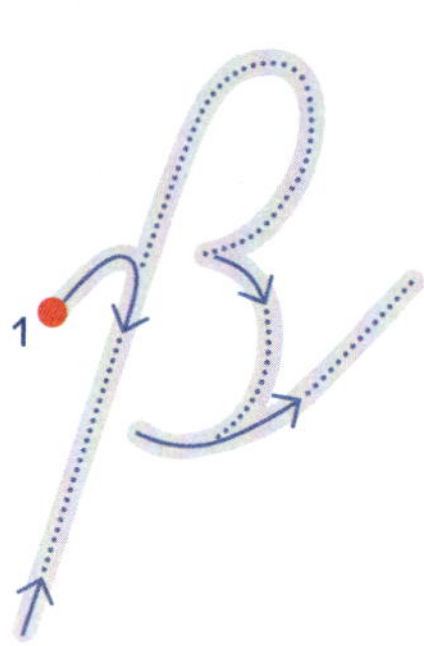

ß ß ß

ße ße

Soße Soße

Einsterns Schwester 1•2

Schreiblehrgang

Vereinfachte Ausgangsschrift

Erarbeitet von: Jutta Wild-Penseler

Begutachtung: Silke Bergmann, Blankenfelde-Mahlow

Redaktion: Martina Schramm, Kaarst

Illustration: Hendrik Kranenberg, Drolshagen
Yo Rühmer, Frankfurt am Main (Begleitfigur „Lola“ und Elefant S. 35)

Umschlaggestaltung: Cornelia Gründer, agentur corngreen, Leipzig

Umschlagillustration: Yo Rühmer, Frankfurt am Main

Layout und technische Umsetzung: LemmeDESIGN, Berlin

Schenke mir zum Schluss ein Wort in deiner schönsten Schrift!

www.cornelsen.de

1. Auflage, 1. Druck 2021

Alle Drucke dieser Auflage sind inhaltlich unverändert
und können im Unterricht nebeneinander verwendet werden.

Druck: Athesiadruck GmbH

ISBN 978-3-06-084829-4

PEFC
PEFC/18-31-166

PEFC zertifiziert
Dieses Produkt stammt aus nachhaltig bewirtschafteten Wäldern und kontrollierten Quellen.
www.pefc.de